T0034760

DINOSAURIOS
Los últimos gigantes

Cardozo Tovar, César Alberto 1977-
Dinosaurios : Los últimos gigantes / César Alberto Cardozo Tovar, Miguel Ángel Nova Niño. -- Segunda edición. -- Bogotá : Panamericana Editorial, 2022.
88 páginas : ilustraciones ; 24 x 26 cm.
ISBN 978-958-30-6498-2
1. Dinosaurios - Literatura infantil 2. Dinosaurios - Clasificación - Literatura infantil 3. Dinosaurios - Hábitos y conducta - Literatura infantil 4. Reptiles fósiles - Literatura infantil I. Nova Niño, Miguel Ángel, 1992- autor II. Tít.
I567.91 cd 22 ed.

Primera edición, abril de 2022
© Panamericana Editorial Ltda.
Calle 12 No. 34-30, Tel.: (601) 3649000
www.panamericanaeditorial.com
Tienda virtual: www.panamericana.com.co
Bogotá D. C., Colombia

Editor
Panamericana Editorial Ltda.
Editores
Daniela Alcalde Flores
César A. Cardozo Tovar
Miguel Ángel Nova Niño
Ilustraciones y fotografías
Shutterstock.com
Textos
César Alberto Cardozo Tovar
Miguel Ángel Nova Niño
Diagramación
Giselle Adrianzén Saldaña
Jairo Toro Rubio
Ilustraciones de portada
Radomir Rezny, Warpaint, Valentyna Chukhlyebova y Naz-3D / Shutterstock.com

ISBN 978-958-30-6498-2

Impreso por Panamericana Formas e Impresos S. A.
Calle 65 No. 95-28, Tels.: (601) 4302110 - 4300355. Fax: (601) 2763008
Bogotá D. C., Colombia
Quien solo actúa como impresor.
Impreso en Colombia - *Printed in Colombia*

Introducción

Hace millones de años, la Tierra fue habitada por animales gigantes llamados dinosaurios, los cuales hasta la actualidad nos siguen generando asombro y admiración. La historia de los dinosaurios es parte de la historia de nuestro planeta y por eso es importante conocerla. Con este libro, aprenderás más sobre estos animales sorprendentes.

Contenido

Ornitisquios

Saurisquios

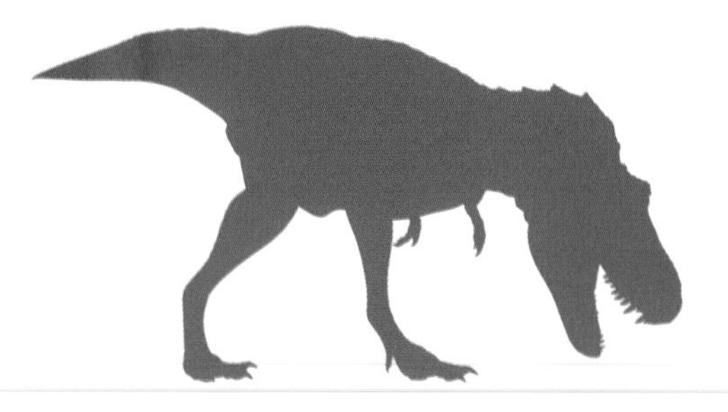

Otros animales prehistóricos

Acuáticos

Voladores

Actividades

Antes de empezar

El mundo de los dinosaurios te resultará asombroso. A continuación, te explicamos qué encontrarás en este libro.

Nombre oficial del dinosaurio en latín

Nombre del dinosaurio en castellano para que lo leas con más facilidad

Esta franja de color te indica en qué parte del libro estás:

- Ornitisquios
- Saurisquios
- Otros animales prehistóricos
- Actividades

Ícono de clasificación

Los dinosaurios habitaron la Tierra en la era Mesozoica. En la línea de tiempo, verás en qué periodo específico y hace cuántos millones de años. Así podrás saber cuáles fueron los más antiguos y cuáles eran contemporáneos entre sí.

Fondos que te permiten tener una idea cercana de los lugares donde habitaron los dinosaurios

Imagen del dinosaurio para que veas las características que se han deducido a partir de sus **fósiles**

Datos curiosos sobre cada dinosaurio

Dato **curioso**

Sus fósiles fueron hallados en la formación Morrison, lugar famoso porque ahí también se encontraron restos de otros dinosaurios como el *Brachiosaurus*, el *Diplodocus*, el *Stegosaurus* y el *Allosaurus*.

Dino **datos**

- **Altura:** 5 metros
- **Longitud:** 22 metros
- **Peso:** Entre 17 y 23 toneladas
- **Ubicación:** América del Norte
- **Alimentación:** Herbívora

Ficha con información básica sobre el dinosaurio y la comparación entre su tamaño y el de un niño de tu edad

¿? Hora de **preguntar**

Pensando en sus características, ¿con qué otro herbívoro podría estar emparentado el *Apatosaurus*?

Preguntas interesantes que puedes plantearte y responder con la información del libro

Sabías...

¿De qué se alimentaba?

Se alimentaba de plantas bajas, como helechos y colas de caballo.

¿Dónde vivía?

Por su gran tamaño, habitó llanuras abiertas.

37

Información sobre su alimentación y hábitat

Los dinosaurios

Eran reptiles muy grandes que habitaron la Tierra hace millones de años.

¿Qué los **caracterizaba?**

La posición de sus patas: los reptiles actuales tienen las patas hacia los costados, lo que les permite arrastrarse o «reptar». En cambio, los dinosaurios tenían las patas en posición vertical, debajo de su cuerpo, tal como los seres humanos.

Reptil

Dinosaurio

Imágenes de Herschel Hoffmeyer, Jean-Michel Girard y JOAT

¿En qué época **vivieron?**

Vivieron principalmente durante la era Mesozoica (250-65 millones de años). En ese tiempo, también existieron otros animales prehistóricos.

Sabías que...

La palabra «dinosaurio» en griego significa «lagarto terrible».

¿Qué clases de dinosaurios **existieron?**

La clasificación más conocida los divide en saurisquios y ornitisquios según la forma que tenían los huesos de la cadera.

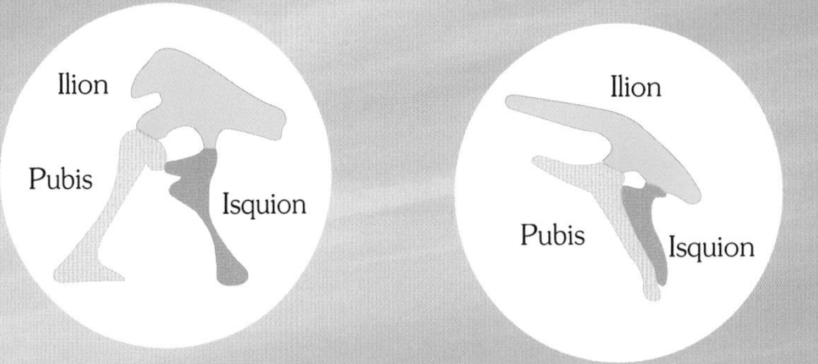

Saurisquios, con cadera similar a la del lagarto

Ornitisquios, con cadera similar a la de un ave

¿Qué les **pasó?**

Se extinguieron de la Tierra hace 65 millones de años, durante el periodo Cretácico, debido a un cambio climático brusco. Se cree que esto se produjo por la caída de un gran meteorito en México o por una serie de erupciones volcánicas en la India.

¿Cómo sabemos **de ellos?**

Gracias al trabajo de investigadores, como **biólogos** y **paleontólogos**, que han estudiado las huellas y los huesos que han encontrado (fósiles). A partir de ellos, han deducido las características y el comportamiento de los dinosaurios.

Un dinosaurio muy protegido

Stegosaurus

(Estegosaurio)

El *Stegosaurus* fue un dinosaurio de aspecto aterrador, pero comportamiento apacible. Vivió aproximadamente hace 148 millones de años. Su característica física más distintiva son las 17 placas de hueso en su espalda. Estas lo hacían parecer más grande y eso asustaba a sus depredadores. Además, tenía 4 espinas en la cola que podían medir hasta 1 metro de largo y probablemente eran su principal defensa.

Periodo
Cretácico Superior 125-65 m. a.
Cretácico Inferior 145-125 m. a.
Jurásico Superior 161-145 m. a.
Jurásico Medio 176-161 m. a.
Jurásico Inferior 200-176 m. a.

MESOZOICO

Imágenes de Warpaint y Valerii_M

Dato curioso

Se cree que las placas de hueso le servían para regular su temperatura corporal. Es decir, lo ayudaban a no sofocarse por el calor.

Dino datos

- **Altura:** 3,7 metros
- **Longitud:** 9 metros
- **Peso:** 8 toneladas
- **Ubicación:** América del Norte, Europa y Asia
- **Alimentación:** Herbívora

¿? Hora de preguntar

¿Cómo crees que se defendía el *Stegosaurus* de los depredadores?

Sabías...

¿De qué se alimentaba?

Se alimentaba de plantas suaves, como musgos y **helechos**, pues no podía masticar plantas duras.

¿Dónde vivía?

Habitaba en **llanuras** abiertas.

Ornitisquios

El dinosaurio de la garra *Iguanodon*

(Iguanodonte)

El *Iguanodon* fue uno de los primeros dinosaurios descubiertos. Vivió hace unos 125 millones de años en el norte de Europa. Tenía una garra de forma cónica en su pulgar, la cual se cree que pudo ser usada como defensa contra los depredadores. Se sabe que podía andar en dos o cuatro patas, según lo necesitara.

	Periodo
MESOZOICO	Cretácico Superior 125-65 m. a.
	Cretácico Inferior 145-125 m. a.
	Jurásico Superior 161-145 m. a.
	Jurásico Medio 176-161 m. a.
	Jurásico Inferior 200-176 m. a.

Dato **curioso**

En Bélgica, en 1878, se encontraron restos juntos de 38 iguanodontes de diferentes edades, lo que puede demostrar que vivían en **manadas**, probablemente para defenderse de los depredadores.

Dino **datos**

- **Altura:** 3 metros
- **Longitud:** 10 metros
- **Peso:** 3 toneladas
- **Ubicación:** Europa
- **Alimentación:** Herbívora

¿? Hora de **preguntar**

¿Qué ventajas pudo tener el *Iguanodon* al poder caminar en dos y cuatro patas?

Sabías...

¿De qué se alimentaba?
Comía plantas duras, las cuales podía triturar con sus numerosos dientes.

¿Dónde vivía?
Habitaba en lugares pantanosos y en bosques.

Un poderoso reptil blindado
Ankylosaurus
(Anquilosaurio)

Este sorprendente dinosaurio vivió hace 68 millones de años. Aunque no se ha hallado un esqueleto completo, se han encontrado restos en Estados Unidos y Canadá. Su característica más distintiva era la sorprendente coraza, formada por placas óseas, que cubría su cuerpo. Además, tenía un mazo al final de su cola. Este era parte de su esqueleto y le servía para protegerse de los depredadores. Se cree que tenía que girar su cuerpo para poder golpearlos.

	Periodo
MESOZOICO	Cretácico Superior 125-65 m. a.
	Cretácico Inferior 145-125 m. a.
	Jurásico Superior 161-145 m. a.
	Jurásico Medio 176-161 m. a.
	Jurásico Inferior 200-176 m. a.

Imágenes de Warpaint y JOAT

Dato curioso

El *Ankylosaurus* estaba tan protegido que incluso sus párpados tenían una coraza.

- **Altura:** 1,8 metros
- **Longitud:** Entre 8 y 9 metros
- **Peso:** Entre 5 y 6 toneladas
- **Ubicación:** América del Norte
- **Alimentación:** Herbívora

Sabías...

¿De qué se alimentaba?

Se alimentaba de plantas bajas, como helechos y **colas de caballo**.

¿Dónde vivía?

La evidencia indica que habitaba en tierras altas, como mesetas y montañas.

El dinosaurio maternal

Maiasaura

(Maiasaura)

Los restos de este dinosaurio que habitó la Tierra hace más de 70 millones de años fueron encontrados en Estados Unidos. Fue el primer dinosaurio del que se tuvo evidencia de que cuidaba de sus crías, pues se han encontrado nidadas (lugares donde se reunían para proteger a sus crías). Aparentemente, vivían en grandes manadas y migraban en busca de alimento.

	Periodo
MESOZOICO	Cretácico Superior 125-65 m. a.
	Cretácico Inferior 145-125 m. a.
	Jurásico Superior 161-145 m. a.
	Jurásico Medio 176-161 m. a.
	Jurásico Inferior 200-176 m. a.

Imágenes de Catmandol y JOAT

Dino **datos**

- **Altura:** 3,5 metros
- **Longitud:** 10 metros
- **Peso:** 4,7 toneladas
- **Ubicación:** América del Norte
- **Alimentación:** Herbívora

Dato **curioso**

Los fósiles indican que formaban nidos circulares de aproximadamente 2 metros de diámetro, donde colocaban entre 18 y 30 huevos. Luego de que nacían sus crías, las cuidaban en el mismo nido.

Sabías...

¿De qué se alimentaba?

Se cree que su dieta consistía en hojas, semillas y frutas.

¿Dónde vivía?

Habitaba principalmente en llanuras y zonas semiáridas.

El dinosaurio de la cresta

Parasaurolophus

(Parasaurolofus)

Este apacible dinosaurio vivió hace 73 millones de años en Norteamérica. La característica más distintiva de este dinosaurio era la cresta ósea, hueca y orientada hacia atrás que tenía en la cabeza. Esta cresta podía alcanzar hasta un metro de longitud. Aún no está clara cuál era su función, pero algunos científicos creen que servía para diferenciar a hembras de machos, puesto que en estos la cresta era más grande. Tenía, además, un hocico en forma de pico de pato que le facilitaba arrancar la vegetación.

	Periodo
MESOZOICO	Cretácico Superior 125-65 m. a.
	Cretácico Inferior 145-125 m. a.
	Jurásico Superior 161-145 m. a.
	Jurásico Medio 176-161 m. a.
	Jurásico Inferior 200-176 m. a.

Imágenes de Warpaint y Valerii_M

Dato **curioso**

También se cree que utilizaban la cresta para comunicarse en una situación de peligro con un sonido semejante al de un trombón.

Dino **datos**

- **Altura:** 4 metros
- **Longitud:** 10 metros
- **Peso:** 2,7 toneladas
- **Ubicación:** América del Norte
- **Alimentación:** Herbívora

¿? Hora de **preguntar**

¿Con qué dinosaurios tenía similitudes físicas el *Parasaurolophus*?

Sabías...

¿De qué se alimentaba?
Comía plantas duras que podía triturar con sus dientes.

¿Dónde vivía?
Solía habitar en manadas, en llanuras extensas y pantanos.

Un dinosaurio cabeza dura

Pachycephalosaurus

(Paquicefalosaurio)

Este dinosaurio vivió hace unos 68 millones de años en Estados Unidos. Sus restos fósiles indican que caminaba en dos patas y tenía un cráneo sólido y compacto con un bulto óseo, que llegaba a los 25 centímetros de grosor. Esto le permitía recibir fuertes golpes y **embestidas**. Sus **extremidades** traseras eran mucho más largas que las delanteras y tenía una cola gruesa que le ayudaba a mantener el equilibrio.

	Periodo
MESOZOICO	Cretácico Superior 125-65 m. a.
	Cretácico Inferior 145-125 m. a.
	Jurásico Superior 161-145 m. a.
	Jurásico Medio 176-161 m. a.
	Jurásico Inferior 200-176 m. a.

Imágenes de Herschel Hoffmeyer y Ailisa

Dino **datos**

- **Altura:** 1,5 metros
- **Longitud:** 5 metros
- **Peso:** 500 kilos
- **Ubicación:** América del Norte
- **Alimentación:** Omnívora

Dato **curioso**

Antes se pensaba que el bulto del cráneo era usado para dar cabezazos en peleas con otros dinosaurios de la misma especie, pero los fósiles no muestran marcas de estos posibles golpes. Se cree más bien que la forma de su cabeza servía para intimidar a sus depredadores.

Sabías...

¿De qué se alimentaba?

Se cree que comía hojas, semillas, frutas e insectos.

¿Dónde vivía?

Habitaba en grandes bosques que rodeaban pampas abiertas y depósitos de agua dulce.

Ornitisquios

Un dinosaurio valiente

Ouranosaurus

(Ouranosaurio)

Este gran dinosaurio habitó el territorio donde actualmente se encuentra Nigeria. Una de sus principales características fue la cresta de piel que tenía en la espalda y en parte de la cola. Hoy en día está en discusión la función de esta estructura, pues podría haber servido para regular la temperatura corporal o como reserva de alimento, tal como las jorobas de los camellos actuales. Su hocico tenía forma de pico de pato, y contaba con una pequeña garra en los dedos pulgares.

	Periodo
MESOZOICO	Cretácico Superior 125-65 m. a.
	Cretácico Inferior 145-125 m. a.
	Jurásico Superior 161-145 m. a.
	Jurásico Medio 176-161 m. a.
	Jurásico Inferior 200-176 m. a.

Imágenes de Herschel Hoffmeyer y Ailisa

Dato **curioso**

Debido a que su hábitat presentaba dos estaciones muy marcadas (una húmeda y otra seca), es posible que haya tenido que migrar en busca de alimento durante las épocas de sequía.

Dino **datos**

- **Altura:** 1,80 metros
- **Longitud:** 7 metros de largo
- **Peso:** 4 toneladas
- **Ubicación:** África
- **Alimentación:** Herbívora

Sabías...

¿De qué se alimentaba?

Comía plantas al ras del suelo, aunque podía alcanzar otras que estuvieran a mayor altura si se paraba sobre sus patas traseras.

¿Dónde vivía?

Habitaba ambientes subtropicales y pantanos.

Un corredor de grandes ligas

Coelophysis

(Celofisis)

El pequeño *Coelophysis* es uno de los dinosaurios más antiguos conocidos, pues vivió hace 215 millones de años. Tenía una cabeza pequeña, plana y alargada, unas patas traseras fuertes y un cuerpo delgado que le permitía ser muy ágil y correr velozmente. También tenía un cuello largo y flexible, y unos dientes muy pequeños, pero bastante filosos. Sus ojos eran grandes, lo que le daba una excelente vista para rastrear a cualquier presa con facilidad.

Periodo
Cretácico Inferior 145-125 m. a.
Jurásico Superior 161-145 m. a.
Jurásico Medio 176-161 m. a.
Jurásico Inferior 200-176 m. a.
Triásico Superior 235-200 m. a.

MESOZOICO

Imágenes de Linda Bucklin y Radomir Rezny

Dato curioso

Es probable que viviera en manadas, pues se han encontrado gran cantidad de esqueletos juntos.

Dino datos

- **Altura:** Hasta 1,4 metros
- **Longitud:** Hasta 3 metros
- **Peso:** Hasta 80 kilos
- **Ubicación:** América del Norte y África
- **Alimentación:** Carnívora

¿? Hora de preguntar

Si el *Coelophysis* hubiera sido más grande y pesado, ¿habría podido ser tan veloz? ¿Por qué?

Sabías...

¿De qué se alimentaba?

Se alimentaba de animales pequeños.

¿Dónde vivía?

Posiblemente habitaba en llanuras semiáridas o desiertos.

Un dinosaurio ancho

Plateosaurus

(Plateosaurio)

Este fue uno de los primeros grandes dinosaurios herbívoros que aparecieron. Caminaba sobre sus dos patas traseras y se cree que utilizaba las delanteras como rastrillos para agarrar hojas frescas o para defenderse. Sus dientes fueron largos, en forma de sierra, diseñados para arrancar hojas. El hallazgo de varios fósiles juntos sugiere que vivieron en manadas y la forma de sus cuencas oculares da indicios de que tuvieron actividad principalmente durante la noche para evitar el calor del día.

	Periodo
MESOZOICO	Cretácico Inferior 145-125 m. a.
	Jurásico Superior 161-145 m. a.
	Jurásico Medio 176-161 m. a.
	Jurásico Inferior 200-176 m. a.
	Triásico Superior 235-200 m. a.

Imágenes de Michael Rosskothen y JOAT

Dato curioso

Se han podido encontrar cerca de 100 esqueletos de este dinosaurio y algunos incluso están casi completos. Estos hallazgos han permitido estudiarlo mejor.

Dino datos

- **Altura:** 3 metros
- **Longitud:** 10 metros
- **Peso:** 4 toneladas
- **Ubicación:** Europa
- **Alimentación:** Herbívora

¿? Hora de preguntar

¿Por qué el *Plateosaurus* no podía caminar en sus cuatro patas?

Sabías...

¿De qué se alimentaba?
Se alimentaba de hojas y tragaba piedras para que le sirvan de ayuda en la digestión.

¿Dónde vivía?
Habitaba en zonas semidesérticas.

El lagarto de dos crestas

Dilophosaurus

(Dilofosaurio)

Este fue uno de los dinosaurios carnívoros más antiguos y vivió en lo que en la actualidad es Arizona, en Estados Unidos. Su principal característica fue poseer dos crestas óseas sobre la cabeza, las cuales se cree que sirvieron para diferenciar a los machos de las hembras, ya que la forma que tenía variaba. El estudio de sus huesos y huellas indica que era un animal bastante ágil. Debido a que se han encontrado restos de varios *Dilophosaurus* juntos, se puede teorizar que vivían en grupos.

	Periodo
MESOZOICO	Cretácico Superior 125-65 m. a.
	Cretácico Inferior 145-125 m. a.
	Jurásico Superior 161-145 m. a.
	Jurásico Medio 176-161 m. a.
	Jurásico Inferior 200-176 m. a.

Imágenes de Herschel Hoffmeye y Subbotina Anna

Dato curioso

Este dinosaurio ha sido representado en varias películas arrojando veneno a sus presas, pero dicha característica no tiene ningún respaldo científico.

Dino datos

- **Altura:** 2 metros
- **Longitud:** 7 metros
- **Peso:** 400 kilogramos
- **Ubicación:** América del Norte
- **Alimentación:** Carnívora

¿? Hora de preguntar

¿Qué otros dinosaurios tenían ornamentas en la cabeza como el *Dilophosaurus*?

Sabías...

¿De qué se alimentaba?

Por su mordida débil, se cree que se alimentaba de **carroña**.

¿Dónde vivía?

Habitó bosques tropicales.

El lagarto de cresta congelada

Cryolophosaurus

(Criolofosaurio)

Este depredador prehistórico debe su nombre a que fue descubierto en medio del clima gélido de la Antártida, a una altura de 4000 metros.

La característica más distintiva de este dinosaurio era la presencia de una cresta en forma de peine que atravesaba su cabeza a la altura de los ojos. Se cree que se ayudaba de sus garras para sujetar bien a sus presas.

	Periodo
MESOZOICO	Cretácico Superior 125-65 m. a.
	Cretácico Inferior 145-125 m. a.
	Jurásico Superior 161-145 m. a.
	Jurásico Medio 176-161 m. a.
	Jurásico Inferior 200-176 m. a.

Dato **curioso**

Cuando el *Cryolophosaurus* vivió, la Antártida era parte de lo que se denominaba Gonwana (gran continente formado por la unión de América del Sur, África, Australia y la Antártida).

Imágenes de Sebastian Kaulitzki y Natalia Ramirez Roman

Dino **datos**

- **Altura:** 2 metros
- **Longitud:** 7 metros
- **Peso:** 450 kg
- **Ubicación:** Antártida
- **Alimentación:** Carnívora

Sabías...

¿De qué se alimentaba?

Cazaba a otros dinosaurios. Se cree que fue el máximo depredador de su época.

¿Dónde vivía?

Se cree que habitó en zonas templadas. La Antártida en esa época tenía un clima muy diferente del actual.

Un hito de la paleontología

Megalosaurus

(Megalosaurio)

Fue descubierto de manera accidental en 1676, en la actual Inglaterra. Su hallazgo resulta importante porque su estudio, junto con el del *Iguanodon*, permitió definir lo que ahora conocemos como dinosaurio. La forma de su cuerpo sugiere que era ágil, por lo que es posible que haya sido un cazador bastante activo. Además, se cree que fue un gran depredador, ya que sus **mandíbulas** eran muy fuertes y se pudo ayudar de sus patas delanteras para sujetar a sus presas.

	Periodo
MESOZOICO	Cretácico Superior 125-65 m. a.
	Cretácico Inferior 145-125 m. a.
	Jurásico Superior 161-145 m. a.
	Jurásico Medio 176-161 m. a.
	Jurásico Inferior 200-176 m. a.

Imágenes de Elenarts y Jamikorn Sooktaramorn

Dato **curioso**

Este fue el primer dinosaurio definido como carnívoro por la ciencia (en el siglo XVIII) y sirvió para interesar al público en el estudio de los dinosaurios.

Dino **datos**

- **Altura:** 2,5 metros
- **Longitud:** 9 metros
- **Peso:** 1 tonelada
- **Ubicación:** Europa
- **Alimentación:** Carnívora

Sabías...

¿De qué se alimentaba?

Se alimentaba de diferentes especies de dinosaurios herbívoros.

¿Dónde vivía?

Vivía en llanuras y bosques.

Un cuello que llega al cielo

Brachiosaurus

(Braquiosaurio)

Fue uno de los dinosaurios más altos que habitó la Tierra. Sus restos fósiles se encontraron en Estados Unidos. Se distinguía porque sus patas delanteras eran más largas que las traseras. Además, tenía un larguísimo cuello que superaba en longitud a su cola. Su cuello era muy importante porque le daba gran altura y, cuando llegaba a cierto tamaño, resultaba demasiado grande para ser presa de los dinosaurios carnívoros.

	Periodo
MESOZOICO	Cretácico Superior 125-65 m. a.
	Cretácico Inferior 145-125 m. a.
	Jurásico Superior 161-145 m. a.
	Jurásico Medio 176-161 m. a.
	Jurásico Inferior 200-176 m. a.

Imágenes de Dotted Yeti y JOAT

Dato **curioso**

Este dinosaurio tenía un cuello de aproximadamente 9 metros, lo que le daba una altura parecida a la de un edificio de tres pisos de la actualidad.

Dino **datos**

- **Altura:** 16 metros
- **Longitud:** Entre 25 y 27 metros
- **Peso:** 50 toneladas
- **Ubicación:** América del Norte
- **Alimentación:** Herbívora

¿? Hora de **preguntar**

¿Qué animal de la actualidad tiene un cuello parecido al del *Brachiosaurus*?

Sabías...

¿De qué se alimentaba?

Comía la vegetación de las ramas altas de los árboles, pues su gran cuello le permitía acceder sin dificultad a estos lugares.

¿Dónde vivía?

Debido a su gran tamaño, se cree que habitaba llanuras abiertas.

Un látigo contra los depredadores

Diplodocus

(Diplodoco)

El *Diplodocus* vivió hace unos 150 millones de años en Estados Unidos. Es uno de los dinosaurios más largos que existió y de los que se conservan fósiles casi completos. Sus principales características físicas eran su enorme cuello y su gran cola, la cual tenía forma de látigo y la usaba tanto para atacar como para defenderse de los depredadores. Si la agitaba, producía un sonido que podía dejar sordos a otros dinosaurios.

MESOZOICO	Periodo
	Cretácico Superior 125-65 m. a.
	Cretácico Inferior 145-125 m. a.
	Jurásico Superior 161-145 m. a.
	Jurásico Medio 176-161 m. a.
	Jurásico Inferior 200-176 m. a.

Imágenes de Linda Bucklin y Jon Manjeot

Dato **curioso**

Al igual que las aves actuales, el *Diplodocus* tragaba piedras (gastrolitos) que le ayudaban en la digestión de sus alimentos.

Dino **datos**

- **Altura:** 7 metros
- **Longitud:** 32 metros
- **Peso:** Entre 10 y 16 toneladas
- **Ubicación:** América del Norte
- **Alimentación:** Herbívora

Sabías...

¿De qué se alimentaba?
Al parecer, con la parte delantera del hocico arrancaba hojas y con la posterior las masticaba.

¿Dónde vivía?
Habitaba campos abiertos en manadas de dinosaurios de diferentes edades.

Un herbívoro gigante

Apatosaurus

(Apatosaurio)

Este robusto dinosaurio herbívoro tenía una cabeza pequeña con una boca ancha donde se encontraban numerosos dientes en forma de clavos. Otra característica importante de su aspecto físico era su largo cuello, el cual, según investigaciones recientes, era usado para atacar durante las luchas entre los machos. Además, presentaba una cola larga en forma de látigo, la cual se creía que usaban para comunicarse, pues con ella podían producir sonidos tan fuertes como una explosión.

	Periodo
MESOZOICO	Cretácico Superior 125-65 m. a.
	Cretácico Inferior 145-125 m. a.
	Jurásico Superior 161-145 m. a.
	Jurásico Medio 176-161 m. a.
	Jurásico Inferior 200-176 m. a.

Imágenes de Warpaint y Jon Manjeot

Dato **curioso**

Sus fósiles fueron hallados en la formación Morrison, lugar famoso porque ahí también se encontraron restos de otros dinosaurios como el *Brachiosaurus*, el *Diplodocus*, el *Stegosaurus* y el *Allosaurus*.

Dino **datos**

- **Altura:** 5 metros
- **Longitud:** 22 metros
- **Peso:** Entre 17 y 23 toneladas
- **Ubicación:** América del Norte
- **Alimentación:** Herbívora

¿? Hora de **preguntar**

Pensando en sus características, ¿con qué otro herbívoro podría estar emparentado el *Apatosaurus*?

Sabías...

¿De qué se alimentaba?
Se alimentaba de plantas bajas, como helechos y colas de caballo.

¿Dónde vivía?
Por su gran tamaño, habitó llanuras abiertas.

Un reptil extraño y terrible

Allosaurus

(Alosaurio)

Este enorme dinosaurio vivió hace 150 millones de años. Tenía una cabeza pequeña, en comparación con la de otros depredadores. Sus dientes también eran pequeños, por esta razón su forma de cazar era diferente. Como su mordida no era más fuerte que la de un león actual, solía cazar por medio de emboscadas, dando golpes fuertes con su mandíbula.

	Periodo
MESOZOICO	Cretácico Superior 125-65 m. a.
	Cretácico Inferior 145-125 m. a.
	Jurásico Superior 161-145 m. a.
	Jurásico Medio 176-161 m. a.
	Jurásico Inferior 200-176 m. a.

Imágenes de Herschel Hoffmeyer y Jamikorn Sooktaramorn

Dato **curioso**

Este dinosaurio es conocido como «el león del Jurásico» por ser el depredador máximo de su época.

Dino **datos**

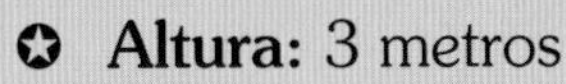

- **Altura:** 3 metros
- **Longitud:** 9 metros
- **Peso:** 4 toneladas
- **Ubicación:** América del Norte, Europa y África.
- **Alimentación:** Carnívora

Sabías...

¿De qué se alimentaba?

Cazaba dinosaurios herbívoros, incluso de gran tamaño.

¿Dónde vivía?

Habitaba en espacios abiertos, como valles con grandes bosques y praderas de helechos, por lo que tenía muchos escondites para sorprender a sus presas.

Un orgulloso cazador

Ceratosaurus

(Ceratosaurio)

Este experto depredador vivió hace 150 millones de años. Contaba con una enorme cabeza, mandíbulas con dientes muy afilados y curvos. Sus patas traseras eran musculosas y más largas que las delanteras. Esto le permitía correr velozmente para perseguir a sus presas. Su principal característica era el cuerno que tenía en su nariz y las dos crestas de su cráneo. Es probable que su piel haya estado cubierta por escamas duras.

	Periodo
MESOZOICO	Cretácico Superior 125-65 m. a.
	Cretácico Inferior 145-125 m. a.
	Jurásico Superior 161-145 m. a.
	Jurásico Medio 176-161 m. a.
	Jurásico Inferior 200-176 m. a.

Imágenes de Valentyna Chukhlyebova y Jamikorn Sooktaramorn

Dato **curioso**

Es probable que su cuerno y sus crestas le sirvieran para reconocerse con otros dinosaurios de su especie.

Dino **datos**

- **Altura:** Hasta 2,5 metros
- **Longitud:** Hasta 7 metros
- **Peso:** 520 kilos
- **Ubicación:** América del Norte, Europa y África
- **Alimentación:** Carnívora

Sabías...

¿De qué se alimentaba?

Sus principales presas eran herbívoros pequeños y animales muertos (carroña) para no competir con depredadores como el *Allosaurus*.

¿Dónde vivía?

Habitaba bosques de helechos y llanuras pantanosas.

El dinosaurio de las espinas

Amargasaurus

(Amargasaurio)

Este dinosaurio vivió en América del Sur. Su principal característica era tener una serie de espinas en la espalda, las cuales estaban conectadas con las vértebras de su columna. Era cuadrúpedo y su cuello tenía poca movilidad. Además, tenía dientes muy alargados, lo que era poco habitual entre los dinosaurios.

	Periodo
MESOZOICO	Cretácico Superior 125-65 m. a.
	Cretácico Inferior 145-125 m. a.
	Jurásico Superior 161-145 m. a.
	Jurásico Medio 176-161 m. a.
	Jurásico Inferior 200-176 m. a.

Imágenes de Elenarts y Jon Manjeot

Dato **curioso**

Debe su nombre a la región de Amarga, que se ubica en la actual Patagonia argentina.

Dino **datos**

- **Altura:** 4 metros
- **Longitud:** 10 metros
- **Peso:** 8 toneladas
- **Ubicación:** América del Sur
- **Alimentación:** Herbívora

Hora de **preguntar**

¿?

¿Por qué el *Amargasaurus* habrá tenido poca movilidad en el cuello?

Sabías...

¿De qué se alimentaba?
Comía colas de caballo y otras plantas.

¿Dónde vivía?
Se cree que pudo haber habitado en zonas **áridas** y espacios abiertos con mucha vegetación.

Un gigante con estilo

Acrocanthosaurus

(Acrocantosaurio)

Este gigante vivió hace más de 110 millones de años en América del Norte. Tenía una larga cresta de espinas que recorría toda su espalda, empezando por su cuello y terminando casi hasta el final de su cola.

Fue uno de los dinosaurios carnívoros más grandes, y sus dientes eran un arma letal, ya que con ellos mataba y desgarraba con facilidad a sus presas, muchas de las cuales eran también de gran tamaño.

MESOZOICO	Periodo
	Cretácico Superior 125-65 m. a.
	Cretácico Inferior 145-125 m. a.
	Jurásico Superior 161-145 m. a.
	Jurásico Medio 176-161 m. a.
	Jurásico Inferior 200-176 m. a.

Imágenes de Michael Rosskothen y Valerii_M

Dato **curioso**

Sus brazos estaban armados con grandes garras que servían para capturar a las presas, aprisionarlas y evitar que escaparan.

Dino **datos**

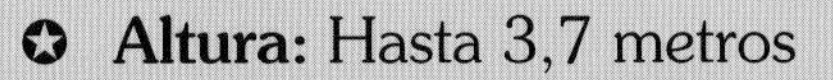

- **Altura:** Hasta 3,7 metros
- **Longitud:** Hasta 12 metros
- **Peso:** Hasta 6 toneladas
- **Ubicación:** América del Norte
- **Alimentación:** Carnívora

Sabías...

¿De qué se alimentaba?

Se alimentaba de dinosaurios herbívoros grandes.

¿Dónde vivía?

Habitaba en tierras bajas pantanosas a nivel del mar.

Un depredador casi perfecto

Carnotaurus

(Carnotauro)

Este imponente dinosaurio vivió hace más de 75 millones de años en Argentina. Lo que más caracterizaba a este carnívoro eran sus gruesos cuernos, similares a los de un toro. Se cree que era muy peligroso, ya que alcanzaba grandes velocidades y posiblemente embestía con los cuernos a sus presas, las cuales podían quedar gravemente heridas y desorientadas, de manera que terminaban siendo presas fáciles para este depredador.

MESOZOICO	Periodo
	Cretácico Superior 125-65 m. a.
	Cretácico Inferior 145-125 m. a.
	Jurásico Superior 161-145 m. a.
	Jurásico Medio 176-161 m. a.
	Jurásico Inferior 200-176 m. a.

Imágenes de Herschel Hoffmeyer y Jamikorn Sooktaramorn

Dato curioso

Este dinosaurio presenta brazos más pequeños que el *Tyrannosaurus rex*. Por tanto, se cree que no le eran de ayuda para cazar.

Dino datos

- **Altura:** Hasta 3,5 metros
- **Longitud:** Hasta 8 metros
- **Peso:** 3 toneladas
- **Ubicación:** América del Sur
- **Alimentación:** Carnívora

¿? Hora de preguntar

¿Con qué palabras del español se puede relacionar el nombre de este dinosaurio?

Sabías...

¿De qué se alimentaba?
Por la poca apertura de la mandíbula, se cree que cazaba animales pequeños.

¿Dónde vivía?
Habitaba en bosques, llanuras y riberas.

El carnívoro más grande

Spinosaurus

(Espinosaurio)

Este asombroso dinosaurio vivió hace 95 millones de años en el territorio que actualmente corresponde a Egipto. Fue el dinosaurio carnívoro más grande que existió, aunque no el más robusto. Su característica más resaltante era tener espinas que salían de su columna y que estaban unidas con su piel. Estas formaban una especie de abanico grande a lo largo de toda su espalda. Se cree que podía nadar usando sus patas como remos. Asimismo, podía caminar por la tierra, pero no podía perseguir por mucho tiempo a sus presas.

MESOZOICO — Periodo
Cretácico Superior 125-65 m. a.
Cretácico Inferior 145-125 m. a.
Jurásico Superior 161-145 m. a.
Jurásico Medio 176-161 m. a.
Jurásico Inferior 200-176 m. a.

Imágenes de Herschel Hoffmeyer y Valerii_M

Dato **curioso**

Probablemente, la estructura de su espalda le servía para intimidar a sus rivales o para llamar la atención de las hembras.

Dino **datos**

- **Altura:** Hasta 4 metros
- **Longitud:** Hasta 15 metros
- **Peso:** 7 toneladas
- **Ubicación:** África
- **Alimentación:** Carnívora

Sabías...

¿De qué se alimentaba?

Se cree que comía peces y otros animales acuáticos.

¿Dónde vivía?

Habitaba en pantanos y tierras bajas.

El terror de América del Sur

Giganotosaurus

(Giganotosaurio)

El inmenso y furioso *Giganotosaurus* vivió hace 97 millones de años en Argentina. Es uno de los depredadores más grandes que se han descubierto. Poseía un cráneo enorme y unos colmillos en forma de sierra que le permitían desgarrar grandes trozos de carne. Tenía también una cola larga y musculosa, que le ayudaba a mantenerse en equilibrio, y unas patas traseras muy fuertes, que le permitían correr rápidamente.

	Periodo
MESOZOICO	Cretácico Superior 125-65 m. a.
	Cretácico Inferior 145-125 m. a.
	Jurásico Superior 161-145 m. a.
	Jurásico Medio 176-161 m. a.
	Jurásico Inferior 200-176 m. a.

Imágenes de Herschel Hoffmeyer y JOAT

Dino **datos**

- **Altura:** Hasta 4 metros
- **Longitud:** Hasta 14 metros
- **Peso:** 8 toneladas
- **Ubicación:** América del Sur
- **Alimentación:** Carnívora

Dato **curioso**

Este dinosaurio superaba en altura, longitud y peso al *Tyrannosaurus rex*, aunque su mordida era más débil.

¿? Hora de **preguntar**

Según su hábitat, ¿con qué otro dinosaurio pudo haberse encontrado el *Giganotosaurus*?

Sabías...

¿De qué se alimentaba?
Se cree que estaba especializado en cazar dinosaurios de gran tamaño.

¿Dónde vivía?
Habitaba en bosques y zonas abiertas.

Uno de los más temibles

Mapusaurus

(Mapusaurio)

Los fósiles de este pariente cercano del *Carnotaurus* y del *Giganotosaurus* fueron descubiertos en América del Sur. Guarda muchas similitudes con los depredadores antes mencionados, pero era un poco más pequeño. Como se encontraron juntos restos de *Mapusaurus* de diferentes edades, se cree que vivieron en manadas.

MESOZOICO	Periodo
	Cretácico Superior 125-65 m. a.
	Cretácico Inferior 145-125 m. a.
	Jurásico Superior 161-145 m. a.
	Jurásico Medio 176-161 m. a.
	Jurásico Inferior 200-176 m. a.

Imágenes de Michael Rosskothen y Jon Manjeot

Dato **curioso**

Las investigaciones más recientes señalan que es probable que hayan cazado también en manada. Esto les hubiera permitido incluso enfrentar al inmenso *Argentinosaurus*.

Dino **datos**

- **Altura:** 3,7 metros
- **Longitud:** 12,5 metros
- **Peso:** 6 toneladas
- **Ubicación:** América del Sur
- **Alimentación:** Carnívora

Sabías...

¿De qué se alimentaba?
Cazaba dinosaurios herbívoros. Es posible que también haya comido carroña.

¿Dónde vivía?
Vivió principalmente en bosques y zonas abiertas.

Saurisquios

Gigante de gigantes

Argentinosaurus

(Argentinosaurio)

Los restos de este dinosaurio, que vivió hace 70 millones de años, fueron hallados por primera vez en la Patagonia argentina, en 1989. Aún se sabe poco sobre su estilo de vida. Con un tamaño de 36 metros, es el dinosaurio más grande que se ha descubierto. Tenía una cabeza muy pequeña en comparación con el resto de su cuerpo, y una cola que parecía un látigo y que le ayudaba a defenderse de sus depredadores.

	Periodo
MESOZOICO	Cretácico Superior 125-65 m. a.
	Cretácico Inferior 145-125 m. a.
	Jurásico Superior 161-145 m. a.
	Jurásico Medio 176-161 m. a.
	Jurásico Inferior 200-176 m. a.

Dato **curioso**

Los paleontólogos proponen la idea de que el *Argentinosaurus* crecía a lo largo de toda su vida y que por eso llegaba a ser tan grande. Como superaba en tamaño a sus depredadores, era menos probable que lo atacaran. Este hecho le permitía seguir creciendo y vivir más tiempo.

Imágenes de Warpaint y Jamikorn Sooktaramom

Dino **datos**

- **Altura:** Entre 9 y 12 metros
- **Longitud:** 36 metros
- **Peso:** Hasta 70 toneladas
- **Ubicación:** América del Sur, Europa y Asia
- **Alimentación:** Herbívora

¿? Hora de **preguntar**

¿El *Argentinosaurus* podría haberse encontrado con el *Diplodocus*, el otro gigante?

Sabías...

¿De qué se alimentaba?

Comía helechos y las hojas altas de los árboles.

¿Dónde vivía?

Habitaba bosques templados y extensas llanuras.

Una espalda acorazada

Saltasaurus

(Saltasaurio)

Este apacible dinosaurio habitó las tierras de la actual Argentina. Tenía un gran tamaño, aunque no era tan grande como otros herbívoros de características similares. Su principal distintivo son las placas óseas que tenía en su cuerpo, las que le habrían servido como protección. Además, tenía un cuello largo que le permitía comer hojas de la parte alta de los árboles y se cree que usaba su cola como látigo para defenderse.

	Periodo
MESOZOICO	Cretácico Superior 125-65 m. a.
	Cretácico Inferior 145-125 m. a.
	Jurásico Superior 161-145 m. a.
	Jurásico Medio 176-161 m. a.
	Jurásico Inferior 200-176 m. a.

Imágenes de Warpaint y Subbotina Anna

Dato **curioso**

Se han encontrado varios nidos juntos de este dinosaurio. Hay indicios de que los cubrían con plantas para proteger a sus huevos y mantenerlos calientes, pues, debido al gran tamaño de estos animales, los habrían roto si los hubieran empollado.

Dino **datos**

- **Altura:** 3 metros
- **Longitud:** 12 metros
- **Peso:** 7 toneladas
- **Ubicación:** América del Sur
- **Alimentación:** Herbívora

¿? Hora de **preguntar**

¿Con qué otros dinosaurios herbívoros tiene parecido físico el *Saltasaurus*?

Sabías...

¿De qué se alimentaba?

Comía hojas frescas de las copas de los árboles y tragaba piedras para que le sirvan de ayuda durante la digestión.

¿Dónde vivía?

Posiblemente, habitaba cerca de grandes lagos, y también en áreas con muchos árboles.

Un dinosaurio perturbador

Tarbosaurus

(Tarbosaurio)

Este feroz depredador habitó Mongolia y China hace 70 millones de años. Tenía unos brazos muy pequeños que terminaban en dos dedos con garras, unas patas traseras muy fuertes y unos tobillos resistentes que le permitían correr con cierta velocidad.

Su mandíbula era inmensa y tenía dientes muy afilados y grandes, diseñados para desgarrar y cortar huesos, tendones y carne.

MESOZOICO	Periodo
	Cretácico Superior 125-65 m. a.
	Cretácico Inferior 145-125 m. a.
	Jurásico Superior 161-145 m. a.
	Jurásico Medio 176-161 m. a.
	Jurásico Inferior 200-176 m. a.

Imágenes de Andreas Meyer y Ailisa

Dato **curioso**

Su mordida era muy poderosa porque sus dientes tenían diferentes formas y posiciones, lo que les impedía escapar a sus presas.

Dino **datos**

- **Altura:** Hasta 3,6 metros
- **Longitud:** Hasta 12 metros
- **Peso:** 5 toneladas
- **Ubicación:** Asia
- **Alimentación:** Carnívora

Sabías...

¿De qué se alimentaba?

Cazaba dinosaurios herbívoros grandes que compartían su hábitat.

¿Dónde vivía?

Habitaba terrenos húmedos cercanos a ríos.

Unas garras poderosas

Therizinosaurus

(Terizinosaurio)

Este rarísimo dinosaurio vivió hace más de 70 millones de años en Mongolia. Para los paleontólogos ha sido muy difícil describir la forma real que tenía, ya que han encontrado pocos fósiles. Sin embargo, sí hay certeza de que poseía unas poderosas y enormes garras, las cuales eran muy afiladas y podían medir casi un metro de largo. Además, se cree que tenía un cuello bastante largo, un tronco grueso y ancho, así como una cabeza pequeña.

	Periodo
MESOZOICO	Cretácico Superior 125-65 m. a.
	Cretácico Inferior 145-125 m. a.
	Jurásico Superior 161-145 m. a.
	Jurásico Medio 176-161 m. a.
	Jurásico Inferior 200-176 m. a.

Imágenes de Herschel Hoffmeyer y Radomir Rez

Dato curioso

El *Therizinosaurus* tiene las garras más largas encontradas hasta el momento y es considerado el dinosaurio más extraño.

Dino datos

- **Altura:** Hasta 5,3 metros
- **Longitud:** Hasta 12 metros
- **Peso:** 6 toneladas
- **Ubicación:** Asia
- **Alimentación:** Posiblemente omnívora

Sabías...

¿De qué se alimentaba?

Ha sido complicado comprobar en qué consistía la dieta de este dinosaurio, pero la mayoría considera que era omnívoro, es decir, que se alimentaba tanto de carne como de plantas.

¿Dónde vivía?

Posiblemente, habitaba en zonas áridas y bosques.

El soberano rey de los dinosaurios

Tyrannosaurus rex

(Tiranosaurio rex)

Este imponente y famosísimo carnívoro vivió en nuestro planeta hace 67 millones de años. Su principal característica era su enorme cabeza. Sus dientes eran muy grandes, de hasta 30 centímetros, lo que le daba la mordida más letal. Incluso era capaz de destrozar los huesos de sus presas. Tenía un cuello corto y musculoso que soportaba todo el peso de su cabeza y dos patas traseras potentes. Sin embargo, sus brazos eran muy pequeños y terminaban en dos dedos con garras. Aunque pesaba casi 8 toneladas, podía correr a gran velocidad.

	Periodo
MESOZOICO	Cretácico Superior 125-65 m. a.
	Cretácico Inferior 145-125 m. a.
	Jurásico Superior 161-145 m. a.
	Jurásico Medio 176-161 m. a.
	Jurásico Inferior 200-176 m. a.

Imágenes de Herschel Hoffmeyer y Jon Manjeot

Dato **curioso**

Las crías del *Tyrannosaurus rex* eran muy frágiles y necesitaban de mucho cuidado para sobrevivir. Por ello, se cree que vivían en grupos o parejas y dedicaban tiempo al cuidado de las crías.

Dino **datos**

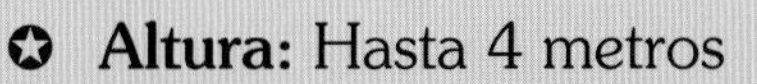

- **Altura:** Hasta 4 metros
- **Longitud:** Hasta 13 metros
- **Peso:** 7,5 toneladas
- **Ubicación:** América del Norte
- **Alimentación:** Carnívora

Sabías...

¿De qué se alimentaba?

Principalmente de dinosaurios herbívoros, aunque puede que también de animales muertos o de presas que otros dinosaurios habían cazado.

¿Dónde vivía?

Habitaba llanuras y bosques subtropicales.

Un poderoso dinosaurio con cuernos

Triceratops

(Tricerátops)

Este gran dinosaurio vivió hace unos 68 millones de años en Estados Unidos. Su característica distintiva era poseer tres cuernos en la cabeza, además de una especie de cresta ósea (llamada gola) que tenía en la parte posterior del cráneo y que posiblemente usaba para cortejar a las hembras y para regular su temperatura corporal. Caminaba en cuatro patas y tenía un cuerpo muy robusto, lo que le daba gran capacidad para embestir a sus depredadores.

	Periodo
MESOZOICO	Cretácico Superior 125-65 m. a.
	Cretácico Inferior 145-125 m. a.
	Jurásico Superior 161-145 m. a.
	Jurásico Medio 176-161 m. a.
	Jurásico Inferior 200-176 m. a.

Imágenes de Jean-Michel Girard y Ailisa

Dato **curioso**

Se han encontrado restos de *Triceratops* con mordidas de *Tyrannosaurus rex*.

Dino **datos**

- **Altura:** 3 metros
- **Longitud:** 9 metros
- **Peso:** 6 toneladas
- **Ubicación:** América del Norte
- **Alimentación:** Herbívora

¿? Hora de **preguntar**

¿Qué diferenciaba al *Triceratops* de los otros dinosaurios con cuernos?

Sabías...

¿De qué se alimentaba?
Por la forma de sus dientes, habría tenido una dieta basada en palmeras y helechos.

¿Dónde vivía?
Habitaba llanuras abiertas.

El campeón de los corredores

Velociraptor

(Velocirráptor)

Este astuto y veloz dinosaurio vivió hace 73 millones de años en Mongolia. Aunque era pequeño, era muy rápido y feroz. Gracias a sus largas patas traseras y a su cola que le daba estabilidad, podía correr dando grandes saltos y perseguir sin problema a cualquier presa que quisiera cazar. También tenía una excelente visión y un hocico alargado con al menos 28 dientes muy afilados en ambas mandíbulas.

	Periodo
MESOZOICO	Cretácico Superior 125-65 m. a.
	Cretácico Inferior 145-125 m. a.
	Jurásico Superior 161-145 m. a.
	Jurásico Medio 176-161 m. a.
	Jurásico Inferior 200-176 m. a.

Imágenes de Naz-3D y Radomir Rezny

Dato **curioso**

Presentaba una sola garra retráctil en cada pata. Es probable que le haya servido para realizar cortes profundos a sus presas.

Dino **datos**

- **Altura:** Hasta 1 metro
- **Longitud:** Hasta 2 metros
- **Peso:** 15 kilos
- **Ubicación:** Asia
- **Alimentación:** Carnívora

Sabías...

¿De qué se alimentaba?

Cazaba animales de tamaños similares al suyo. También comía carroña.

¿Dónde vivía?

Habitaba llanuras áridas y semiáridas.

Acuáticos

Un gran nadador

Plesiosaurus

(Plesiosaurio)

Fue un reptil acuático de gran tamaño que habitó los océanos antiguos de la Tierra. Su cuello era largo y flexible, y se cree que lo usaba como timón cuando perseguía a sus presas. Además, se movía gracias al impulso de sus cuatro aletas y podía alcanzar altas velocidades dentro del agua. Tenía muchos dientes pequeños y afilados que se clavaban en la carne de sus presas como si fueran púas.

	Periodo
MESOZOICO	Cretácico Superior 125-65 m. a.
	Cretácico Inferior 145-125 m. a.
	Jurásico Superior 161-145 m. a.
	Jurásico Medio 176-161 m. a.
	Jurásico Inferior 200-176 m. a.

Imágenes de Catmando y Willyam Bradberry

Dato curioso

Se han encontrados fósiles de un *Plesiosaurus* en los acantilados de la playa La Herradura (Lima). Se cree que llegó a morir a esta zona.

Acua datos

- **Altura:** 2 metros
- **Longitud:** 5 metros
- **Peso:** 1,2 toneladas
- **Ubicación:** América del Sur y Europa
- **Alimentación:** Carnívora

¿? Hora de preguntar

Recuerda qué características tienen los dinosaurios y piensa: ¿por qué el *Plesiosaurus* no puede considerarse uno de ellos?

Sabías...

¿De qué se alimentaba?
Comía peces y calamares.

¿Dónde vivía?
Habitaba en mares costeros.

Acuáticos

El más temido de los mares

Kronosaurus

(Cronosaurio)

Se cree que fue el mayor depredador marino de su época. Su cráneo era enorme y sus mandíbulas más largas y potentes que las del temido *Tyrannosaurus rex*. Eso le daba un aspecto feroz. Su cuerpo era muy ancho y aplanado. Además, tenía extremidades en forma de aletas y su cola le servía como timón para cambiar de dirección, por lo que era un gran nadador.

	Periodo
MESOZOICO	Cretácico Superior 125-65 m. a.
	Cretácico Inferior 145-125 m. a.
	Jurásico Superior 161-145 m. a.
	Jurásico Medio 176-161 m. a.
	Jurásico Inferior 200-176 m. a.

Imágenes de Herschel Hoffmeyer y Andrey_Kuzmin

Dato curioso

Aunque la mayoría de fósiles de este depredador marino se han encontrado en Australia, el más grande y más completo se encontró en la ciudad de Villa de Leyva, en Colombia, donde puede ser visitado.

Acua datos

- **Altura:** 2 metros
- **Longitud:** Hasta 13 metros
- **Peso:** 12 toneladas
- **Ubicación:** América del Sur y Oceanía.
- **Alimentación:** Carnívora

Sabías...

¿De qué se alimentaba?

Podía capturar otros reptiles marinos.

¿Dónde vivía?

Habitaba en mares tropicales poco profundos.

Acuáticos

El superdepredador de Perú *Livyatan melvillei* (Leviathan melvillei)

Este enorme monstruo marino vivió hace 12 millones de años. Sus restos se encontraron en Perú, en el desierto de Pisco. Se caracterizaba por tener una cabeza gigante de hasta 3 metros, mandíbulas poderosas y enormes dientes de 36 centímetros, que le servían para cazar a sus presas.

Posiblemente fue un predador muy violento y probablemente vivió y luchó con otro temible depredador: el *Carcharodon megalodon*, que llegaba a medir hasta 16 metros de longitud.

	Periodo
CENOZOICO	Neógeno 23-1,8 m. a.
	Eógeno 23-2 m. a.
	Paleógeno 65-23 m. a.
	Cretácico Superior 125-65 m. a.
	Cretácico Inferior 145-125 m. a.

Imágenes de Herschel Hoffmeyer

Dato curioso

No se ha encontrado otra criatura que haya tenido dientes funcionales más grandes que los del Livyatan. Las morsas y elefantes actuales tienen colmillos más grandes pero, a diferencia del Livyatan, no son útiles para cazar o luchar.

Acua datos

- **Altura:** 4 metros
- **Longitud:** Hasta 17,5 metros
- **Peso:** 30 toneladas
- **Ubicación:** Sudamérica.
- **Alimentación:** Carnívora

Sabías...

¿De qué se alimentaba?

Se alimentaba de ballenas, delfines, tiburones y tortugas prehistóricas.

¿Dónde vivía?

Posiblemente habitaba en los mares de Perú, pero también en los océanos.

Voladores

El dueño del cielo jurásico

Pterodactylus

(Pterodáctilo)

El *Pterodactylus* fue uno de los primeros reptiles voladores que se descubrieron y vivió hace 150 millones de años en Alemania. Se caracterizaba por tener un tamaño pequeño, una cabeza larga y estrecha y al menos 90 dientes afilados. Sus alas eran largas y compuestas por membranas de músculo y piel, soportadas por un gran dedo (de ahí proviene el significado de su nombre: «dedo alado»).

	Periodo
MESOZOICO	Cretácico Superior 125-65 m. a.
	Cretácico Inferior 145-125 m. a.
	Jurásico Superior 161-145 m. a.
	Jurásico Medio 176-161 m. a.
	Jurásico Inferior 200-176 m. a.

Dato curioso

Según investigaciones recientes, es probable que haya tenido el cuerpo cubierto de plumas primitivas más parecidas a filamentos (pelos) que a las plumas que actualmente conocemos.

Aero **datos**

- **Altura:** Hasta 50 centímetros
- **Longitud:** Hasta 1,6 metros (con las alas abiertas)
- **Peso:** 2 kilos
- **Ubicación:** Europa y África
- **Alimentación:** Carnívora

¿? Hora de **preguntar**

Considerando la ubicación de sus fósiles y el periodo en que vivió, ¿con qué dinosaurios pudo coexistir el *Pterodactylus*?

Sabías...

¿De qué se alimentaba?

Comía principalmente peces, pero también animales terrestres pequeños.

¿Dónde vivía?

Habitaba cerca de las costas.

Imágenes de Ralf Juergen Kraft y Majinka

Voladores

Un volador de cola larga *Rhamphorhynchus* (Ramforinchus)

Este reptil volador vivió hace 150 millones de años y los **yacimientos** más importantes de sus fósiles están en Alemania. Su principal característica fue su larga cola que terminaba en forma de diamante y que le servía como timón. Muchos otros reptiles voladores no tenían una cola tan larga; de hecho, con la evolución de estas especies, la cola fue un rasgo que comenzó a desaparecer. Además, tenía el hocico curvado y delgado, con dientes prominentes.

	Periodo
MESOZOICO	Cretácico Superior 125-65 m. a.
	Cretácico Inferior 145-125 m. a.
	Jurásico Superior 161-145 m. a.
	Jurásico Medio 176-161 m. a.
	Jurásico Inferior 200-176 m. a.

Imágenes de Warpaint y Volodymyr Plysiuk

Dato curioso

Muchos fósiles de este reptil volador se han encontrado en rocas del fondo del mar. Se cree que, cuando planeaban para atrapar peces, es posible que algunos cayeran al mar, se ahogaran y quedaran entonces preservados en el fondo marino.

Aero datos

- **Altura:** 40 centímetros
- **Longitud:** 1 metro
- **Peso:** 20 kilos
- **Ubicación:** Europa
- **Alimentación:** Carnívora

Sabías...

¿De qué se alimentaba?
Posiblemente, comía pequeños peces, insectos y otros animales marinos menores.

¿Dónde vivía?
Debió habitar muy cerca del mar, porque era su zona de alimentación.

Hagamos huevos de dinosaurio

¿Te imaginas cómo eran los huevos de dinosaurio? ¿Cómo sería el huevo de un *Tyrannosaurus rex* o el de un *Velociraptor*? Te invitamos a elaborarlos con ayuda de materiales sencillos y tu creatividad.

Para esta actividad vamos a necesitar lo siguiente:

a. Papel periódico o *kraft*

b. Engrudo

c. Globos pequeños

d. Témperas y pinceles

e. Tijera

¿Cómo hacemos **los huevos de dinosaurio?**

Paso 1: Cortar muchas tiras del papel periódico.

Paso 2: Inflar el globo.

Paso 3: Mojar las tiras en engrudo para luego comenzar a pegarlas en el globo. La idea es que cubran bien el globo y que queden lo más lisas posible.

Paso 4: Dejar secar el engrudo y las tiras.

Paso 5: Una vez que esté seco, aplicar una segunda capa de tiras y de engrudo.

Paso 6: Poner a secar de nuevo. (Es buena idea colgar el globo en una cuerda con una pinza para que seque más rápido).

Paso 7: Una vez que el globo esté seco, lo pinchamos y lo abrimos con una tijera.

Paso 8: En este punto, podemos rellenarlo, colocar dentro un pequeño dinosaurio de juguete o una sorpresa. Se puede pintar el huevo tanto por fuera como por dentro.

Paso 9: Una vez que lo tengamos listo, volvemos a sellar el huevo en el lugar donde lo abrimos, con un par de tiras mojadas en engrudo.

Haz tus propios fósiles de dinosaurios

Antes de empezar, debemos saber qué es un fósil.

Un fósil es cualquier resto más o menos petrificado de un ser extinto. En el caso de los dinosaurios, los restos que más se han encontrado son dientes y huesos fosilizados, pero también se han descubierto pisadas, huevos, excrementos e incluso plumas.

Para que un organismo se fosilice, sus restos deben estar enterrados para que no se destruyan por causa de la lluvia, el Sol, los animales carroñeros, entre otros. Las condiciones que permiten la fosilización se presentan pocas veces en la naturaleza, por lo que son muy escasos. Por esta razón, los fósiles tienen un enorme interés y valor científico.

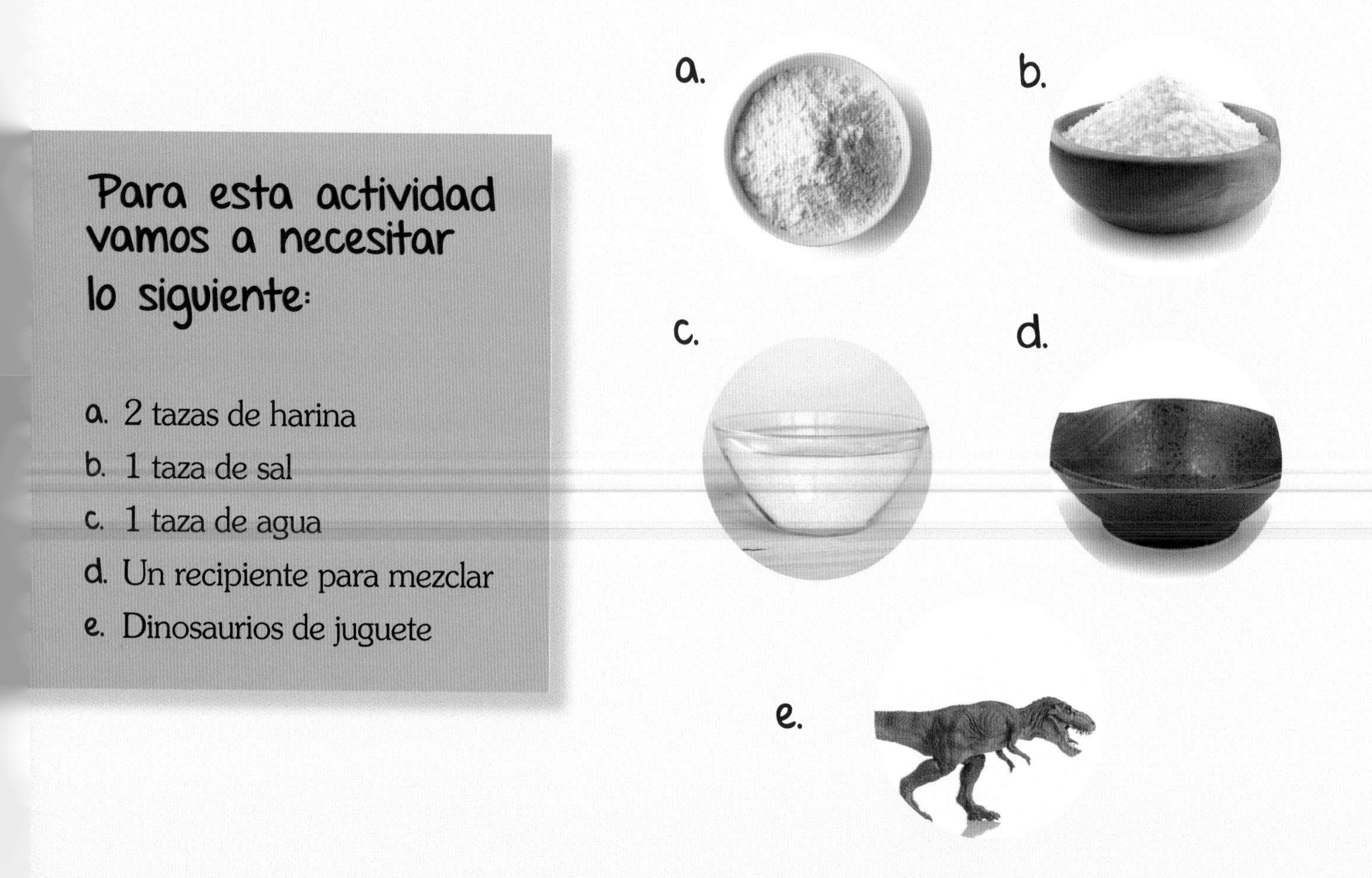

Para esta actividad vamos a necesitar lo siguiente:

a. 2 tazas de harina
b. 1 taza de sal
c. 1 taza de agua
d. Un recipiente para mezclar
e. Dinosaurios de juguete

¿Cómo hacemos **un fósil de dinosaurio?**

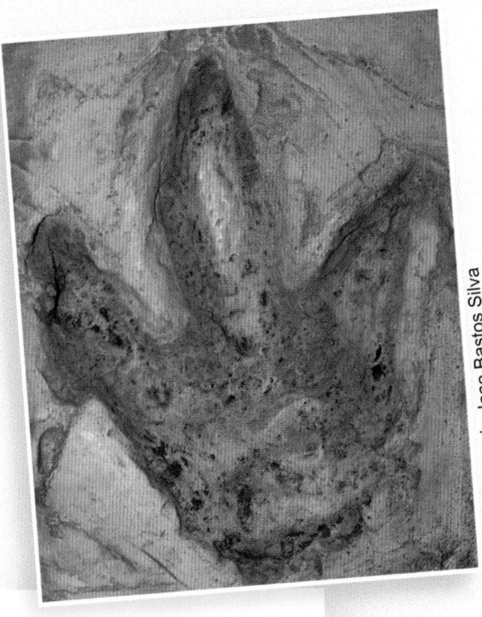
Imagen de Marcio Jose Bastos Silva

Primero debemos preparar masa, para esto utilizaremos materiales fáciles de encontrar en tu propia casa.

Paso 1: En el recipiente, vierte la harina y la sal.

Paso 2: Mezcla muy bien echando agua poco a poco hasta que se forme una masa.

Paso 3: Luego, echa un poco de harina sobre una mesa.

Paso 4: Estira la masa sobre esa harina y haz bolas de diferentes tamaños con la masa. Los tamaños dependen del fósil que quieras hacer.

Paso 5: Aplasta las bolas.

Paso 6: Ahora, toma algunos dinosaurios de juguete y presiónalos contra la masa.

Paso 7: Una vez que tengas los fósiles, deja que estos se sequen completamente al aire. Esto puede demorar hasta dos horas.

¡Listo! ¡Ya tienes tus propios fósiles de dinosaurio para sorprender a tus amigos!

Glosario

A

Acorazado: Con coraza o blindaje.

Árido: Seco, de poca humedad.

Cola de caballo

B

Biólogo: Persona que se dedica a la biología, ciencia que estudia a los seres vivos.

C

Carroña: Carne descompuesta de animales muertos.

Cola de caballo: Tipo de arbusto que se distingue por sus largos tallos y sus hojas delgadas.

E

Embestida: Acometida, ataque violento, especialmente el llevado a cabo por animales que topan.

Extremidad: Cabeza, pies, manos o cola de los animales.

Fósil

F

Fósil: Resto de un ser orgánico que se encuentra petrificado en ciertas capas terrestres.

H

Helecho: Planta que tiene hojas grandes, formadas, a su vez, por foliolos, que son hojas más pequeñas.

Helecho

LL

Llanura: Extensión de terreno llano.

M

Manada: Grupo de animales domésticos o salvajes de una misma especie.

Mandíbula: Cada una de las dos piezas óseas o cartilaginosas en las que están implantados los dientes.

P

Paleontólogo: Persona que se dedica a la paleontología, ciencia que estudia los fósiles de especies animales y vegetales desaparecidas de la Tierra.

Piscívoro: Que se alimenta de peces.

Y

Yacimiento: Sitio donde se halla naturalmente una roca, un mineral, un fósil o restos arqueológicos.

Bibliografía

American Museum of Natural History. (2019). *Paleontology*. **Recuperado de https:**//www.amnh.org/research/
paleontology

Benson, R. (2009). *A description of Megalosaurus bucklandii (Dinosauria: Theropoda) from the Bathonian of the UK and the relationships of Middle Jurassic theropods*. **Recuperado de https:**//www.researchgate.
net/publication/229450243_A_description_of_Megalosaurus_bucklandii_Dinosauria_Theropoda_from_the_Bathonian_of_the_UK_and_the_relationships_of_Middle_Jurassic_theropods

Blackwell, A. (2015). *Dinomundo: encuentros increíbles en el mundo perdido de los dinosaurios*. Bogotá, **Colombia:** Panamericana Editorial.

Daynes, K. (2015). *Questions and answers about dinosaurs*. London, **United Kingdom:** Usborne Publishing.

Frith, A. (2016). *Dinosaur book*. London, **United Kingdom:** Usborne Publishing.

Greschik, S. (2017). *Dinosaurios*. Bogotá, **Colombia:** Panamericana Editorial.

Lovelace, D. M. (2014). *Developmental failure of segmentation in a caudal vertebra of Apatosaurus (Sauropoda)*. Recuperado de **https:**//www.researchgate.net.publication/260212405_Developmental_Failure_of_Segmentation_in_a_Caudal_Vertebra_of_Apatosaurus_Sauropoda

Lovelace, D. M., Wahl, W. R. y Hartman, S. (2008). *Morphology of a specimen of Supersaurus (Dinosauria, Sauropoda) from the Morrison Formation of Wyoming, and a re-evaluation of diplodocid phylogeny*. **Recuperado de https:**//www.researchgate.net/publication/237468705_Morphology_of_a_specimen_of_Supersaurus_Dinosauria_Sauropoda_from_the_Morrison_Formation_of_Wyoming_and_a_re-evaluation_of_diplodocid_phylogeny

Imagen de DM7

Mallison, H. (2010). *The digital Plateosaurus I: body mass, mass distribution and posture assessed using CAD and CAE on a digitally mounted complete skeleton*. Recuperado **de https:**//www.researchgate.net/publication/237006075_The_digital_Plateosaurus_I_body_mass_mass_distribution_and_posture_assessed_using_CAD_and_CAE_on_a_digitally_mounted_complete_skeleton

Mañeru, M. (2018). *Dinosaurios asombrosos*. Madrid, **España:** Editorial Libsa.

Milner, A. R. C., Harris, J. D., Lockley, M. G., Kirkland, J. I. y Matthews, N. A. (2009). *Bird-like anatomy, posture, and behavior revealed by an Early Jurassic theropod dinosaur resting trace*. **Recuperado de https:**//journals.plos.org/plosone/article/file?id=10.1371/journal.pone.0004591&type=printable

Museo de Historia Natural. (2017). *Paleontología de vertebrados y paleobotánica*. Recuperado **de http:**//museohn.unmsm.edu.pe/paleover.html

Museo de Historia Natural. (10 de octubre de 2019). *Un plesiosaurio es hallado en el Morro Solar, el primero registrado en el Perú* [nota de prensa]. **Recuperado de https:**//museohn.unmsm.edu.pe/docs/descubrimientos/Nota%20de%20prensa%2009%20-%20Plesiosaurio.pdf

Pickrell, J. (2004). Two New Dinosaurs Discovered in Antarctica. National Geographic.

Sewell, M. (2018). *Dinosaurios y otros animales prehistóricos*. Barcelona, **España:** Blume.

Taquet, P. (1976). *Géologie et paléontologie du gisement de Gadoufaoua*. Recuperado de **https:**//paleoglot.org/files/Taquet_76.pdf

Upchurch, P., Tomida, Y. y Barrett, P. M. (2004). *A new specimen of patosaurus ajax (Sauropoda: Diplodocidae) from the Morrison Formation (Upper Jurassic) of Wyoming, USA*. **Recuperado de https:**//www.researchgate.net/publication/272152509_A_new_specimen_of_Apatosaurus_ajax_Sauropoda_Diplodocidae_from_the_Morrison_Formation_Upper_Jurassic_of_Wyoming_USA

Young, J. Z. (1977). *La vida de los vertebrados*. Barcelona, **España:** Editorial Omega.

En este libro se emplearon las familias tipográficas
Set Fire to the Rain 53 puntos y ITC Souvenir Std 14 puntos.
Se imprimió en papel Magno Satin Silk de 150 gr.